請你關注我

Aida —— 著

時報文化

Contents

目次

綺綺

Aida

麻吉

歐練

前言。

　　在製作這本書的時候，經營粉絲團也剛好五週年了，多虧這一票紫薇、爾康（雖然讀者百般不願，但這是我對他們的暱稱）的支持，我才得以繼續做我最想做的事——以圖文分享我的生活趣事。

　　在經營粉絲團的這段期間，儘管我強調自己不是愛情專家，只是和大家分享生活中的趣事以及兩人相處模式，還是會陸續收到許多大大小小的感情問題。其中最常收到讀者來信問：「要如何維持兩人之間的熱度呢？」或者「他說我們愈來愈像家人，我們之間沒了熱度而分開了。」在感情方面我也有許多事情還正在學習，書中的敘述，不敢說是教給你們一些事，更貼切的說法是與你們分享我們曾經有過的經歷。

　　其實，我覺得兩人在一起久了，相處上像家人一般平淡是很正常的。

　　我和綺綺在最近這幾年也都過得很「實際」。就像和家人

般的相處，極少有送禮、送卡片、送花等浪漫的情節，取而代之的是一盤切好的水果、收下來摺好的衣服、一碗拌好的乾麵。我們也很少約會、到山上看夜景等充滿氣氛的行程，反而是一起在超市或家具店添購生活用品、到頂樓收棉被順道看看夜景。有的時候，我們也會因為忙碌而忽略了彼此，因為在一起久了而將一切視為理所當然，不再重視對方的感受。

尤其現今智慧型手機盛行，我們更少再一起盯著同一個螢幕大哭大笑、討論新聞事件或被劇情感動，更多的時間是各自看著各自的手機發呆，獨自忙著工作，想著心事，兩人之間像隔了道牆，被分割成兩個世界。

我們之間究竟是「對彼此的感覺像家人」，還是因為平淡而「忽略了對方」？這兩者有著很大的不同，前者是穩定但依舊有愛的，後者是兩人已貌合神離，不再將對方放在心上了。

我在這本書裡收錄了走入穩定期後的日常。

讀者總是笑說我的招數很多，其實這樣偶爾吵吵鬧鬧，除了能建立在一起久了最珍貴的默契以外，還能增加兩人之間的新鮮感。即使不像熱戀中的情侶一樣對彼此熱情，我們還是會希望對方偶爾把注意力放在我們身上，偶爾製造一些小情趣、小驚喜，都能幫助感情加溫、想起最初的我們。

　　除此之外，書中也收錄了我們曾經面臨的問題、遇到的情境，在「熱戀期過後」才是真正意識到要開始一起生活的我們，偶爾會不禁問自己，真的準備好要和他一起度過下半輩子了嗎？如果做足了準備，其實我們會發現，在熱戀期過後的穩定期，生活中的每個小細節，也都值得仔細去感受，值得去珍惜啊。

	Aida	綺綺
星座	天蠍座	射手座
個性	情緒起伏大 易鑽牛角尖	冷靜沉著 大而化之
興趣	吃，睡。	閱讀
最喜歡	薯條，珍珠奶茶，甜點。	貓
最討厭	牛奶	肉桂
專長	自拍	把人拍得很醜
最常說的話	你很奇怪！ 我真可愛。	做人不要太誇張 少煩我

早安，晚安。

　　我想大部份的情侶或伴侶，扣掉了上班和睡眠時間，應該也和我們一樣剩下沒幾個小時的相處時間了。曾經聽同事說過，常常他的先生回到家時，他老早已經就寢了，生活就像假性單親一樣，一天和先生見面不到幾個小時，能夠在睡前和對方互道晚安，是件很奢侈的事。

　　在一起這麼多年，我們堅守著沒有改變的事情之一，就是要留一點時間，給剛起床和睡前的對方。

準備上班前的他，
　　和賴床中的我。

綺綺的上班時間早，經常需要一大早就起床準備出門；我的工作彈性自由，可以睡到自然醒，大約八點才起床工作。

為了不錯過他出門的時間，我通常會隨著他的鬧鐘響起時，一齊醒來，和他共度早晨短短的時光，然後維持著半睡半醒的賴床姿態，直到他出門上班。還記得有一次我睡得太沉，連綺綺出門了都不知道，以為他還在浴室梳洗，結果等了半天，才知道自己錯過了他出門的時間，還因此感到很沮喪（浮誇）。早晨短暫的相處時間對我們來說很重要，因為那是一整天的動力來源，讓我們知道一整天的忙碌，是為了誰、為了什麼而努力著。

除了在半昏睡的狀態下目送綺綺出門之外，偶爾我會設定提早半個小時的鬧鐘，早起做早餐給綺綺吃。還記得第一次做早餐給他吃時，他揉揉眼睛走出房門，望向站在廚房忙碌的我，我滿心期待地想聽他說出任何一句誇讚我的話，但他卻驚訝地說：「……你沒有開抽油煙機。」我只知道自己的廚藝很差，但沒想到竟然與廚房不熟到這種地步。

躺好，
我要去上班囉~

　　儘管我對廚藝沒興趣，而且覺得十分艱難，但還是一天一天地嘗試和進步，因為我知道比起一個呼呼大睡的伴侶，如果能夠看見有人早起為他做早餐，那將會是他一大早起床上班的動力來源。

　　綺綺不像我喜歡在一大早把他叫醒來吃早餐，他從來不會叫醒熟睡中的我，比我先醒來時，都只是在一旁靜靜地坐著，看看文章、看看新聞，等我自然醒來，說聲再見，再出門上班。但我通常都會在他出門前一齊醒來，伸手抱抱他，確定他還沒出門，確定我還可以和他說聲再見，並目送他出門上班。

　　有幾次因為工作的事忙碌到太晚，或者有心煩的事困擾而失眠，很晚才入睡。想當然隔天起不來，直到他出門上班了，我才睜開眼醒來，望著雙人床空盪的另一半，心裡很不是滋味，瞬間覺得自己好像有點能體會我同事說的「一天見不到

幾小時」的感覺，明明生活在一塊，卻又各自過著不一樣的生活。

　　我知道他總是捨不得叫醒熟睡中的我，也總是不敢在我忙碌的時候趕我去睡覺，所以我總是盡量自動自發地配合他的作息時間。我們會在睡前聊天，會在早上起床後給彼此一個擁抱。最幸福的事，大概就是能夠跟彼此道早安、晚安。

　　目前的綺綺，最需要煩惱的，大概就是如何在上班前從我身邊掙脫吧！

包包裡的驚喜。

　　綺綺是個經常神來一筆的人，而且他老是不知輕重，有時他的突發奇想，常讓我在驚喜夾雜著驚嚇的情緒中度過，哭笑不得。又或許我是個控制狂的關係，總是喜歡事情在掌握之中，因此我常和他說，我不是個很喜歡驚喜的人，尤其害怕那種在我毫無預警情況下發生的驚喜，例如沒化妝、穿著隨便、嚇到哭出來的驚喜。

　　不過，有一種驚喜特別讓我感動，那是來自他的貼心。

　　在我離職成為圖文作家之前，經常因為工作忙碌而沒時間吃飯，或者忙到過了用餐時間，很晚了才能用餐，因此肚子經常挨餓。有一次隨口和綺綺聊到這件事，沒想到他就此放在心上。那次之後，我時不時會看見我帶去上班的包包裡，有他準備要讓我果腹的一些小點心或者我愛吃的零食，不知道從什麼時候開始，這成了我上班前的期待，偶爾還會厚著臉皮「點餐」。綺綺這貼心的舉動不只為我果腹，也療癒了我一整天因為工作而煩悶的心情。

後來，隨著情境的不同，包包裡的東西也跟著有所變化。

像是生理期時，
我會在包包裡看見黑糖塊或是一包熱巧克力牛奶，
因為他知道我喝點熱飲就會好很多；

感冒喉嚨痛時，
會在包包裡看見八仙果或是潤喉糖，
他會特地一小包一小包地用夾鏈袋裝好讓我帶著，
還會叮嚀我要按時吃藥；

天氣熱時，
會在訊息上看到「冰箱有飲料喔～上班帶去喝。」

因為不喜歡我喝外面的手搖飲料，

家裡的飲料都是他親自煮好的；

　　除此之外，包包裡頭偶爾會出現小餅乾、巧克力，巧妙的
是綺綺總是知道我喜歡吃些什麼，他準備的東西，經常恰好
搭上我的心情，像是今天天氣熱想喝飲料，就會出現冷飲，
心情鬱悶想吃甜食，就會出現點心，有時都懷疑我們之間是
否有心電感應。

　　（又或者真的是因為我什麼都喜歡吃，太不容易踩到雷了）

　　在我轉職成為圖文作家前，因為工作性質不同，上班的時
間經常錯開，綺綺出門上班了，我還在睡覺；他已經下班回
家休息了，我還在公司工作。他總會在出門上班前，準備好
要給我的東西，必要時，還會附加一張小紙條。雖然依照他
的個性，紙條上通常不會特別寫什麼動人的話，或是表達愛

意，但那卻是我一整天的動力來源，因為我明白這就是他表達愛的方式。

我經常會想像，他在寫下紙條和準備驚喜放進我包包時當下的感受和用心，而沾沾自喜著，即便我們交往那麼久，這些習慣也沒有因為在一起的時間久了而改變。我們無法將作息完全同步，但紙條和他準備的小驚喜，卻能拉近了我們因上班時間而錯開的距離。

我們的生活，通常都是規律且一成不變的，綺綺的這些隨手小舉動，讓我覺得平淡無奇的生活頓時有了些變化。我們都明白，我們需要的不是一份多麼貴重的大禮或驚喜，而是生活中，能讓我們感受到對方將我們放在心上的點點滴滴，這比任何昂貴的禮物都還要來的珍貴，也更值得珍惜。

捉弄你是生活中的樂趣。

不知道是不是也有人在另一半和外人面前，是兩種截然不同的個性？綺綺常開玩笑地跟我說，要不是一開始我們抱著要交往的決心在相處，而是先當了朋友的話，他壓根就不會喜歡我。

因為我在朋友面前還算正經、顧及形象，說白了就是無趣、不懂得接話、話少難聊，江湖人稱句點王。我常開玩笑地說，要夠吵、夠煩、夠瘋，才適合和我當朋友。讀者一定很難想像我的正經及無趣，其實你們在圖文中所看到的瘋癲，都是我只有在綺綺面前才呈現的模樣。

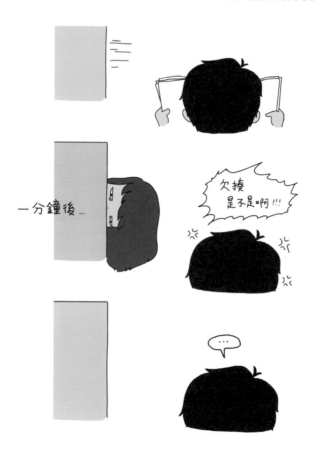

一分鐘後...

欠揍
是不是啊!!!

...

數分鐘後...

人呢？

北鼻…我被綁住了…
放我下來 !!!

放我下來!!!

不要,
你就先吊在那.

和綺綺在一起最大的差別，是以前的我總覺得自己是悲劇女主角，覺得什麼悲傷的事都會讓我碰上。而和綺綺在一起之後，我卻覺得自己像一位喜劇演員，那就像是深埋在我內心深處的另一個身份一樣，只有綺綺才能觸動它。在他面前我可以盡情地做自己，不用擔心異樣的眼光（即使有，我也不在乎）。

我們經常在日常相處中不時地捉弄對方，來增加生活中的小情趣。

我們最喜歡的就是看著對方邊笑、邊故作生氣地打自己一拳，然後說：「你真的很煩耶！」我想在感情中，絕大多數人都有點被虐的傾向吧！就好像學生時期喜歡惹自己喜歡的人生氣一樣。

在我腦內經常會莫名地浮出一系列劇本，綺綺偶爾會陪我演幾齣，但大多數時間他會冷眼看著我。

有一次我閉著眼睛躺平，雙手抱在胸前，假裝自己是睡美人的樣子，問綺綺：「你猜我在扮演誰？」
綺綺一直沒有回話，我就再睜開眼睛問：「你快猜呀！」
綺綺回我：「你要躺好，繼續演，我才能猜啊～」

我閉上眼睛重新躺回去，過了一陣子再看綺綺，他竟然就這樣睡著了。

除此之外，他特別喜歡學我的動作和語氣說話，只要我說話一走音，我就準備一整天聽他模仿我走音的腔調。有一次我把「奉獻」講成「奉 san」，他便一路不斷地問我：「你準備要奉 san 什麼呢？」要不是他要騎車，我還真想在他背上來個幾拳。

回想起來，最初我們也是這樣開對方玩笑才開始漸漸熟識，敢開對方玩笑、也知道對方的底線在哪而不去碰觸，覺得和彼此的頻率特別接近。後來在一起了，只要一天不說說渾話、做做傻事、不惹火對方，就覺得渾身不自在。

我從未想過和另一半相處的自己，居然會像喜劇演員般不計形象地搞笑，只為了逗樂對方，而自己也會不自覺地因對方的開心而發自內心地笑。我們的笑點幾乎一致、具備幽默感，這些都是感情中很重要的潤滑劑之一呀！

禁止寵物進入

禁止外食...
　禁止抽菸...

禁止寵物...

那你在外面等我，
不要亂跑喔!

這只是傲嬌啊。

相信多數人都曾遇過對方的反應不如預期的狀況，尤其是在還不瞭解對方的時期，那種感覺非常之心灰意冷，但其實仔細想想，那是傳說中的理智和傲嬌啊。

回想起熱戀時期，我們總是不自覺地想和對方穿一樣的衣服、戴一樣的手錶、穿一樣的鞋，深怕路人不知道我們是一對；吃飯時，要將好吃的東西遞到他嘴邊，等他張口嚥下，絲毫不在乎閃瞎路人，只希望對方感受到自己的貼心舉動。

反觀現在，只要不約而同地穿了情侶裝，就會覺得有些害臊，對進入穩定期的我們來說，只是偶爾穿個同色系、以舒適為主的衣服，兩人站在一起的畫面很和諧，就很足夠。

吃飯時，對方夾了塊肉問：「你要吃嗎？」我正準備張口時，他會忽然羞赧地接一句：「你自己夾過去啦。」其實就是不明原因讓臉皮跟著變薄，眼中不再只有彼此，最值得驕傲的技能是已經能感應到路人熾熱的眼光，愛意懂得收放自

欸！
幹嘛跟我
穿情侶裝啊？

什麼啊！
誰跟你穿情侶裝！

哪有！

你故意學我！

我先穿的！

我昨天就說
要這樣穿了！

有啊！　我先的

是你學我！

如，我覺得這是情侶之間必經的演化過程。除此之外，現在對我們來說，柴米油鹽等話題也漸漸取代了肉麻情話。

「有吃早餐嗎？」
「我在外面繳費，有什麼需要順便買回家嗎？」
「記得幫歐練和麻吉加點飼料喔。」

這些話乍聽之下沒什麼，卻也是充滿著濃濃的愛意。談情說愛並非就是要聽到從對方口中說出「我愛你」、「我想你」，仔細去感受平淡的日常對話，其實也都透露著另一半的關心。而且我們都知道如果愛意一直都在，這些對話就會一直相伴我們到老。

你幹嘛一起跟來啊?
很熱耶!
其實你在家等我
就好了!

以前逢年過節時，我都會製作手工卡片送給綺綺，但我十分害怕他在我面前讀它，總是要他回到家，一個人時才可以拆開來看，而且最好不要向我稟報閱讀心得或感想，只需要對我說「謝謝你，我看完了」，我就心滿意足了。

　　綺綺同樣也是個容易感到困窘的人，過去他曾經買了一個手工玩偶材料包，想要親手縫製送給我當作禮物。不知道究竟是他太不會藏東西，還是我太過眼尖，玩偶還未完成 10% 就讓我發現了。而且我一開始還完全不清楚狀況，從櫃子裡抽出那包藏得很隨性的玩偶材料問：「這是什麼啊？」綺綺回頭看了一眼立刻尖叫：「吼！你幹嘛拿出來啊！」我才意識到那貌似是要送給我的未完成驚喜，下一秒綺綺隨即惱羞地說：「我不做了。」

　　那時的我只希望時間倒轉，仔細想想臉皮薄的人的確承受不住那一刻啊。

　　我一直以來都是個又ㄍㄧㄥ又傲嬌的人。

　　而近期紀念日，綺綺竟然送了我一束花。還記得我接過手的當下幾乎說不出話，只是一直不斷地問他「為什麼要忽然送我花？」「會很貴嗎？」其實我並不是真的覺得他浪費

錢，或覺得這束花不值，只是很單純地捨不得他花錢，畢竟他平時也是省吃儉用的人啊。雖然我沒有多說什麼，或是用我浮誇的演技表現我有多開心，誇張的情緒表達對我來說並不難，但我想我這反常冷靜、喜出望外的細微神情，他更能讀出我這是出自於真心的感動。

　　幸好他完完全全了解我的個性，否則我想我這輩子可能再也收不到花了吧。

喜孜孜

適當的撒嬌。

　　從小到大，我都不是一個喜歡撒嬌的人。跟女生朋友出去，我總是那個被朋友勾著手、頭靠著肩膀的人。

　　在家人面前，我也會不自覺維持這樣的形象。也許是家庭教育的關係，在家人面前我總是習慣表現出一副很幹練、可靠的樣子，要我偶爾撒嬌一兩句，對我來說都十分彆扭。遇到苦惱的事情也都是藏在心底，面對關心和問候，我也總是笑笑說沒事。我不懂得撒嬌、不懂得表達感情、不懂得說出真心話。

　　然而，在綺綺面前，我的個性可說是 180 度大轉變，我把這輩子所能撒嬌的機會全都獻給了他。這完全兩種相反的性格，讓我都懷疑自己是不是患了人格分裂。

　　像是偶爾工作不順遂，心煩的時候，我就會主動去找綺綺討安慰。我會整個人縮到他身邊，然後他就會騰出一隻手拍拍我的背、摸摸我的頭；在他下班回家，我會先給他一個擁

我今天
都畫不好..

撒嬌喔！

才不是！

就是。

抱，讓彼此感受一下對方的情緒；又或者和他說話時會忽然變出怪腔怪調，不一定是裝可愛或是特別溫柔，但就是只有在他面前才會呈現出的謎之聲道。

兩人之間的情緒容易互相影響，每當我用撒嬌的語氣和綺綺說話，他也會以同樣的口吻和情緒回應我。有些人認為，情侶之間的撒嬌很肉麻、很噁心，但其實撒嬌在感情中是很好的潤滑劑，當回到家關起門來時，撒嬌一下又何妨？尤其在疲勞、吵架的時候，能緩和緊張的氣氛、更能適時讓對方的態度軟化。

說到撒嬌之王，就我接觸過的動物來說，應該是非貓莫屬。

養了貓以後，也許是受貓的習性和個性影響，我也變得更愛對他撒嬌，有時還會故意模仿貓，這在無形之中也成了我們之間互動的樂趣。

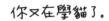

你又在學貓了。

貓在做錯事情時會裝無辜和委屈地抗議，貓會在看電視時，不經意地爬到我們身上磨蹭，貓會在我們回家時，跑到腳邊喵喵叫，像是在問：「你剛才去哪兒了呢？」貓會在睡醒時，睡眼惺忪地找尋我們在哪裡。有人說，貓會記恨，但就我們的觀察來說，即使我們曾經大聲責備牠，過沒多久牠還是會靠過來撒嬌。

　　我常常在想，為什麼貓咪如此可惡，總是調皮搗蛋，咬壞我的背包拉鍊、毛衣、打翻東西、把髮圈掃到床底下，我還是那麼地愛牠呢？我想就是牠柔軟的態度吧。

　　有的時候，我會把貓咪當作是我學習的對象，除了學習牠的一舉一動增加情趣之外，適時地低頭、適時地撒嬌，疲累、委屈的時候，與其對全世界都感到不耐煩，不如轉換一下態度，放下姿態和包袱，撒撒嬌、和對方訴訴苦，當個像貓一樣柔軟的情人吧。

陶醉

週末難題。

　我曾經畫過一篇圖文:「剛交往時,兩人總是滿心期待地想著要到哪裡約會,而交往到了後期,卻只想發懶待在家不出門。」我承認這就是在諷刺綺綺!(笑)

　自從我們同住在一起後,他就開始在週末假日時瘋狂地補眠,有時一睡就睡掉了大半天。和以前那個每逢週末就先與我討論要到哪裡逛逛的綺綺相比,差異實在太大了。我經常在想,難得相聚的美好週末,如果他睜著眼陪我聊幾句多好,摸摸我的頭說早安也好,一起吃早餐也好,一起看段早安新聞,討論一下今日氣象也好,實在捨不得讓他就這樣睡掉。

　因此我會偶爾任性地在早上醒來的幾分鐘後把他搖醒,要他陪我到外頭吃一頓早餐。關於這件事,也許我們對彼此一直都有些不滿和難處沒有說開,因此後來為了這件事起了一點爭執。

　因為工作性質的不同,綺綺是個週一至週五規律打卡的上

經常在先醒來時靜靜地看著你，
　有時會發現你臉上長了痘，
　　有時會看見你夢見什麼皺了眉頭，

有的時候,會覺得你長得和我印象中不太一樣.
　我想是盯著你看太久了吧！
　　誰叫你還不起床呢？

班族；我是個整天關在家裡、緊盯螢幕工作的 SOHO 族。
因此一到週末，就是我想外出走走透氣的時候，但卻恰好是
他想要賴在家裡睡到自然醒的大好機會。

　起初我向綺綺表示，過去的他，總是會想著週末要帶我去
哪裡玩，但現在卻只想賴在家，我不太能接受這樣的變化。
直到他告訴我，對一個週一到週五需要早起打卡的上班族來
說，週末的補眠有多麼重要時，我才知道他不是單純因為在
一起久了而發懶，漸漸體諒他。

　因此，我總是在週末輕聲地起床，任由他睡到自然醒後，
我們再好好地討論下午可以到哪裡逛逛、陪我外出走走透透

氣。經過了溝通，我們更能體會對方的難處及心情。我偶爾
會和朋友一起外出聊天，留他在家發懶補眠，他也會在某個
精神特別好的週末，主動詢問我要不要和他一起去哪裡走
走。話說開了，雙方在這方面互退一步、為對方著想，彼此
才慢慢解開心理不平衡的問題。

　我和他說，我總是開著玩笑要他帶我去玩，並非真的要他
想個旅遊或玩耍的聖地，只是想要一起到外頭散步走走，即
使只是逛個超市或家具行添購生活用品，都比沒有交集的各
自待著滑手機、發呆好。綺綺也認同，他唯一的要求是我能
讓他完整地補眠，而這些簡單的行程，他都樂意陪我完成。

早安…

…

有時候是故意吵醒你的，
對不起。
我只是想要多一點相處的時間。

有一次我們到高雄柴山爬山，雖然只是一起健身運動，但我們倆都很喜歡那天的行程。當天下午我們穿戴好護膝、水壺裝滿水、準備好毛巾就出發了。因為平時沒有爬山的習慣，當天我們爬得都十分吃力，但一路上我們互相鼓勵、陪對方一起休息，交換背著背包，登頂時覺得很舒暢，晚餐時隨興找個路邊的臭豆腐攤坐下來填飽肚子，對我們來說是個十分美好的回憶。

那次的爬山行程後，綺綺也開始主動找一些爬山的資訊，並邀請我一起在某一個週末到某座山健行，聽到的當下我真是滿心歡喜，也很感激他的體貼，更為我們解決了這個「週末難題」而感到開心。

天氣真好——

還吵著要領養狗呢…
／光遛你就夠累了。

43

別當悶葫蘆。

　　世界上有好幾類人，有的懂得察言觀色，就像綺綺，很多事即使我不說，他大多能猜到我的想法，我想這也是在一起久了的一種默契。但有些人就沒那麼幸運了，另一半天生粗神經、反應遲鈍，你不點他一下，他永遠不知道你的喜怒哀樂來自哪裡。

　　即使是懂得察言觀色的綺綺，雷達也是有失靈的時候。事實上，我們是完全不同的兩個個體，有立場不同的時候。即使是號稱有心電感應的雙胞胎，也會有無法理解對方的時候，更何況是從小到大在不同環境下成長的兩個人呢。

　　我算是脾氣很硬的人，每當綺綺劈哩啪啦地說完自己想說的話，問我有什麼想說，我經常默不作聲地紅著眼眶、低頭扳弄著手指。綺綺總是很有耐心地引導我說出心裡的話，直到我願意開口，其實當下我有很多話在腦海中跑過無數次，但就是說不出半個字，有一部份的原因，是很怕說出口會傷他的心。

你幹嘛生氣啊？

你最好是
不知道!!!

就真的不知道

「你到底在想什麼，跟我說好不好？」綺綺語氣一軟化，我的眼淚就開始往下掉。

其實我並不是不願意說，而是我總是習慣在腦海裡先把想說的話統整一下、把對對方的傷害降到最低，才能夠說出口，但我這樣委婉的態度也是個壞習慣，因為如此一來，會無法真正表達出內心的想法讓對方明白。

有時候，我們覺得自己的情緒已經表達得夠明顯了，對方還是一頭霧水，這時候我們會誤會對方是不是故意要惹自己生氣，再裝作一副無所謂的樣子。其實並不是，而是因為我們的價值觀不同，兩人的想法有差距，才會讓對方無法理解我們內心的想法。

我偶爾會因為我們相處久了所產生的默契而沾沾自喜，像

是他總是能點到我喜歡吃的餐點，總是幫我買了我喜歡的零食或飲料，總是訂到我想看的電影。但其實很多時候，即使相處了再久，對方還是有很多想法是我們無法理解的。

在一起久了，我們經常將另一半的理解程度標準定得很高而不自覺，也對彼此的默契期望過度，總是認為對方應該要懂我，應該要知道我心裡在想什麼。

這卻經常成為兩人吵架的導火線。

雖然對一部份的悶葫蘆來說，要說出心裡的話，確實很困難，但同時我們也該明白，如果兩個人有要繼續走下去的決心，適時的溝通、說出心裡的話，都是兩人在感情中一起成長的必經過程。

你跟我說好不好？

我有時候會覺得
你不夠在乎我的
感受...

嗯...
其實不是
這樣的...

遞衛生紙

他的地雷之一
批評他所喜愛的人、事、物。

睡姿的秘密。

　　因為我的工作時間很有彈性，一直以來總是配合綺綺的上下班時間在工作，讓我們還有一兩個小時的時間，在睡前好好地閒聊一下。通常我會把頭枕到綺綺左肩，他也會很自然地空出左手環繞著我。我們會維持這樣的姿勢，若有似無地聊著，直到我倆身體的某個部位麻掉，才願意躺回自己的位子。

　　有的時候，我會在關燈後戳戳他的背，然後說：「欸，我失眠了。」
　　如果他隔天沒有上班，就會翻過身來說：「那我陪你聊聊天。」

　　有的時候，我們會聊比較有建設性的話題，像是房價、新聞事件，有時會聊生活瑣事，像是水龍頭上的水漬要如何才能清除乾淨，有時會聊茶餘飯後的八卦話題，像是演藝圈的新聞、鄰居今天又在群組裡討論什麼新鮮事⋯⋯等等。

　　雖然聊天的內容往往是睡一覺醒來就會忘記的話題，但我

為什麼都有人捨得
棄養寵物呢?

你捨得嗎?

捨不得啊!

那你捨得我嗎?

寵物和另一半一樣,都不可以任意拋棄喔。

們依舊樂此不疲。

　　一直以來，我總覺得我們的感情很穩定，但有一件事總是困擾著我，就是即使我們沒有吵架，卻總是背對著背入眠，這和偶像劇裡的劇情不一樣啊，主角們不都是相擁入眠的嗎！？

　　直到有一次，看過一項以伴侶間睡眠模式來測驗彼此感情的文章，我得到了新的體悟。

　　以前我特別喜歡看臉書上各種心理測驗或行為的解析，雖然到後來我才發現，那些引誘我點進去看測驗結果的網頁解析，都是用來騙個資的（不要說得那麼明顯），但偶爾還是會忍不住點進去。

　　過去以為是感情不好的兩人才會相互背對著背入眠，剛在一起不久時，我還很介意綺綺說了「晚安囉」之後，立刻就翻過身背對著我。可能是偶像劇和電影看多了，以為情侶大多都是相擁著入眠的，看著他的背影，還覺得有些失落。

　　但後來在那篇（騙個資的）測驗文章中讀到，這樣的睡姿，其實代表著對彼此的信任。

文章裡解析的內容十分符合我們的相處模式，就好像現在的生活一樣，我們不必時時刻刻膩在一塊，希望各自有各自的空間，但又知道對方就在自己身邊，感受得到對方，關心著彼此，因此感到很放心。

　　再後來，我發現我自己實在在乎得太多了。

　　雖然睡姿也許能反射出我們的相處模式，但若是測驗結果不如我所期望的，那又如何？背對背也好、相擁入眠也好，我覺得與其在乎睡姿的解讀，不如探討雙方目前的相處模式是不是適合彼此、是不是讓彼此都感到舒適，如果答案是肯定的，那便是最適合我們的相處方式。

熱戀期過後，
　即使背對著背入睡，
依然覺得很安心。

怎麼就那麼愛吃醋呢。

　　從熱戀期到現在，也過了好幾年了，唯一沒有什麼變化的就是我吃醋的功力。我什麼醋都吃，什麼小事都在意，而且相當敏感。無論綺綺的對象是朋友、家人、偶像明星，無論是拍照靠得太近、騎車載了誰、花太多時間和誰聊天、和誰一起出遊……，一不小心分寸拿捏得不對，都能讓我打翻醋罈子。

　　有人說，吃醋是因為不信任，但我始終覺得一個人會不會吃醋，也許是個性使然。有些人天生不拘小節，你要逼他吃醋，他還做不到。有些人天天鑽牛角尖，你要他別吃醋，比登天還難。其實，有些人吃醋就只是很單純地吃醋而已，不是一定認為對方會做什麼對不起自己的事。

你拍照為什麼和別人靠那麼近？

會嗎？還好吧？而且都是認識很久的朋友了。

我知道是朋友！
吃醋不是因為不信任你，
只是不喜歡你和別人
靠得太近。

好啦！知道了！
我都快沒朋友了！

手拿開。

我就是你的朋友！

在一起那麼久，每當我們吃醋或是對對方有任何不滿，從來不會感到不耐煩。我們尊重彼此所有感受，每當有任何疑慮出現，都耐心地解釋、讓對方明白緣由、讓對方感到心安，因為我們很清楚是因為在乎，才會如此在意對方的一舉一動。

現在的我們和剛在一起時有很大的不同。剛開始交往的時候，他的粗神經和笨拙的表達方式，經常令我感到焦躁不安，也常踩到我的地雷，那段時間的相處之下，有時甚至開始對對方感到懷疑，甚至懷疑這份感情是否能夠維持下去。

我常開玩笑地說，我們在星座中象徵自由的射手座和佔有慾的天蠍座，這樣的組合，不吵架也難。但回想起來，真正吵起來的機會也不多，能走到這麼久，全靠彼此的溝通和讓步，還有不斷地磨合。

有的人吃起醋來像掀起一陣狂風暴雨，例如我。我曾經在我們剛開始交往時，因為還不熟悉彼此，所以第一次吃醋哭得一塌糊塗，我覺得自己好像有什麼東西被奪走了，綺綺也被我的反應嚇了好大一跳，他以前談戀愛時，沒遇過像我這麼在乎這些小事的人，當下的他，也是手足無措。

　其實要說出心裡的感受，對我來說不是件容易的事，我總是期待綺綺能夠學會讀心術，如此一來我就不必再赤裸裸地把所有內心的獨白都說出來告訴他，但我明白許多事情溝通是必要的，也盡力去理解他，而他也漸漸能掌握我所在意的事，並將它們放在心上。

　除了像我這樣的吃醋狂魔以外，有的人吃醋很內斂，例如綺綺。記得之前有一次和他說在等公車時，忽然有陌生人找我攀談，綺綺聽了就只是擔心我的安危、撇嘴，其他的沒有

看一下有誰按他讚。

控制狂
＋
監視狂

多談。不知道我是否有些被虐傾向，綺綺吃醋時，我一點都不覺得煩，或是氣他不信任我，反而覺得他很可愛。

　　無論相處的時間長短，我覺得兩人之間只要還有一點點吃醋的成份存在，都是件幸福的事（前提當然是要理性的）。在去怪罪對方總是吃醋、小心眼、不信任我們之前，換個念頭，其實他的想法很單純，都只是因為在乎。直到現在，我們依舊很在意對方的一舉一動，有些人說，吃醋是不信任的原因。但我覺得，吃醋是還熱愛著對方的證明。偶爾吃起醋來心裡酸酸甜甜的，就像熱戀時期的我們一樣。

對啊~

我怎麼會
剛好
喜歡你呢?

當然是因為
我對你
很好啊~

那可不一定!
很多人都
對我很好!

誰?
還有誰?

疼而不溺。

　　有些人在談戀愛時總是把另一半寵壞，再來抱怨另一半無理取鬧，但自始至終，罪魁禍首都是自己啊！為了不要讓自己的另一半變成小王子或者小公主，適時的心狠是必須的。

　　有一陣子因為要搬家，我們倆忙得不可開交。在體力耗盡之時，看到公共空間的共用按摩椅都空著，我們互看了一眼，就一起朝按摩椅走去。這一按也按去了一身的疲憊，「好想在家裡擺台按摩椅啊！」每次這句話一說出口，非但不會得到綺綺的肯定和安撫，像是「好啊～我買給你。」或者「我會努力賺錢的。」反而還會被白眼：「可以啊，那你要先買一間大房子。」這就是在一起這麼久、也備受他呵護卻沒有被寵壞的原因，因為他總是會適度地將我拉回現實，而不會用甜言蜜語來包裝或討我歡心。

　　按摩結束後，我忽然一時興起，故意坐在原地不動，晃晃腳跟綺綺說：「可以幫我穿鞋嗎？」綺綺看我一臉嬉皮笑臉，穿起了自己的鞋子站在原地跟我說：「不要鬧，快點穿。」

你怎麼這樣！

拉

因為你很無聊！

你不是說會
好好疼我嗎？

那不是疼，是寵。
該疼你的時候，
我就會做。

我依舊坐在椅子上：「幫我穿啦～」，綺綺見我開始耍賴，就說了一句：「那我先走囉！」，轉身兀自往外走。

我趕緊穿上鞋子追了上去，一直覺得綺綺很疼我，想試試看他的極限在哪裡，沒想到就立刻踢了鐵板。

他頭也不回地走掉，當時我的確有些震驚，但同時也意識到自己的無理取鬧。其實我也是個滿鬧事和任性的人，但自從和綺綺在一起後，他改變了我很多，也懂得開始反省自己。我花了很多時間釐清什麼是疼愛，什麼是寵愛，其實就像父母對小孩一樣。適度的疼愛能讓孩子幸福的成長，但過度的寵溺反而會害了他。

愛的表現有很多種形式，如果今天我的穿著不方便，或者受傷，不方便自己穿鞋，不必我開口，綺綺一定義不容辭地蹲下來幫我穿鞋，這是疼愛。但像這種自己明明能做到卻要求對方替自己做、想要滿足自己當女王的慾望，就是溺愛。

記得我第一次在他面前削蘋果的時候，我對他說：「你知道嗎？以前外婆看我削一顆蘋果，削到蘋果都發黑了還削不完，就把蘋果接過去削了，所以我很少有機會自己切水果，直到現在長大了，關於廚房的一切事務，還是笨手笨腳的，」

我繼續說：「所以你要等到我削完蘋果，可能也不想吃了。」

綺綺冷眼看了我一下說：「是喔！你如果需要削到明天早上，也得給我削完喔，我是不會出手幫你的。」

雖然乍聽之下他顯得很無情，但我卻很喜歡他這樣的回應，因為這讓我明白，他是世界上唯一疼愛卻又不寵溺我的人。在「對我好」這方面的分寸，他的確拿捏得很恰當。

在我需要他的時候，他一定會主動行動，雖然他總是不會答應我無理的要求，但我依然時時刻刻感受到他的疼愛。而我也覺得我不需要他的寵溺、不需要他總是把我捧在手掌心，只希望能和他互相疼愛便足夠。

腳後跟
透氣膠布脫落時，
他會主動
蹲下幫我黏好。

我累得喘不過氣時，
洗好澡後

他會主動
幫我吹乾頭髮。

因為我對廚藝不在行，
他總是自告奮勇。

忙碌的時候，
會提醒我吃飯喝水。

手機是隱形的第三者。

有時回想我和綺綺在一起這段時間的經歷和變化，說誇張點，好像跨了一個時代。

剛認識彼此的時候，大多數人的手機功能通常都很陽春，大概就是只能聽音樂、講電話、收發簡訊的那種手機。當時的我們很珍惜每一次發送出去的簡訊，因為每一封簡訊都要收費，所以必須在短短的字數限制內說完想說的話，還會重複檢查簡訊內容，才按下發送，然後興奮地等待對方的回覆。除此之外，沒有手機分散我們的注意力，因此焦點大部份放在對方身上，專心地看電視、等上菜、吃飯、聊天，專心地享受並肩坐在一起時的感覺。

後來因為智慧型手機的盛行，我們之間的相處模式也逐漸有了變化。

有時就坐在他的身邊，還會猛然想起今天好像還沒有什麼互動，唯一的互動似乎還是白天各自工作時，透過 LINE 的

對話。說來很諷刺，我們變得經常得提醒自己放下手機、看看對方，明明在身邊卻還要不時地問：「你在幹嘛？」「可以陪陪我嗎？」

　　關於沉迷於手機這件事，其實我們也爭執過許多次了，綺綺尤其是個十足的手機成癮者，沒事翻翻臉書、Instagram、LINE，看看文章、影片、聊聊天，我經常覺得自己被忽略，覺得手機佔據他太多時間，常暗自覺得在他的心中，手機是比我還要重要的。我想過無數的方法，明示暗示過他好多次，但用處始終不大。我喜歡他認真聽我說話的模樣，而不是盯著手機嗯嗯啊啊，有時甚至會在我說完後才轉頭問我剛才說了什麼。

每到週末，就是我們一起享用早餐的時間。不過我們之間通常沒什麼互動，幾乎是我看著手機的Email、訊息，而他低頭看著報紙、偶爾滑滑手機。常常一頓早餐時間之中，我們甚至沒看對方幾眼，也沒幾句交談，頂多分享一下剛才看到的資訊，眼睛再移回到手機上。

　　手機成癮後的生活，有時會覺得我們之間好像少了什麼，卻又說不上來，每天都在渴望他的關注、問他還像以前一樣喜歡我嗎？問到最後連自己都覺得厭煩。這樣的關係一直延續下去，我們之間也是要吵不吵的，每次爭論完，事情看似有解決，其實也是無疾而終。

　　直到某一次，我們都沒有將手機帶出門，這才找回了一點「上一個時代」的感覺。

　　外出用餐的那段時間，我才真真切切感覺我們是「相處在一塊」，我們專心地點餐，專心地品嘗美食，我們腦海中跳出無數個話題、無數件想與對方分享的事情，天南地北地聊著。

薯餅蛋餅... 奶茶...

連看都不看
一下菜單
↙

你要吃啥？

你怎麼都
不換口味啊？

你上次換喝紅茶
不就失敗了？
味道很怪。

你這樣不能發掘
新事物啦！
幸好有我帶你成長！

我不必擔心我們隨時要被手機另一端傳來的訊息打擾，也不用擔心遇到聊天的空檔時，忍不住拿起手機打發時間，期待著臉書上又更新了什麼訊息，我們的每一段對話，都自然而然地延長。

　　之後的好幾次早餐約會，我們說好都不帶手機，給彼此一點相處的機會，享受難得的、真正的兩人世界。如果你們還在為了這樣的事情爭執或感到無奈，不妨一試。你會發現少帶手機的那一段時間，並不會有什麼損失，反而能拉近彼此的距離。

貼心和感激。

　　許多人常抱怨另一半不夠貼心，可是，在接收到另一半的貼心之後，你有讓他得到回饋嗎？有些人説，感情中的付出是不求回報的，但我覺得，即使是再親密的兩個人，還是得適時地「禮尚往來」，或者讓對方感受到，對於他的付出，你是打從心底感激的。

　　而我總是以圖文表達對綺綺的感激，讓他知道，我一直有把這些事放在心上。

　　每當趕稿期間遇到假日，綺綺便會帶我到外面咖啡廳工作，換換環境和心情。因為這陣子我總是喊著我已江郎才

切好沙拉

盡、靈感枯竭，他覺得轉換環境說不定能幫助我激發靈感。
只要路過類似的店家，他便會把它記下來，然後轉頭對我說：
「下次帶你來這裡。」綺綺總是不辭辛勞地找尋同類型的店
家，只為了給我一個舒適的環境工作。

　　無論在外頭還是在家裡，創作中的我總是非常神經質，一
點狀況都會把我給吸引過去，所以在餐桌另一端的綺綺，通
常都是靜靜地看書或滑手機，如果我沒有叫他，他幾乎不敢
打擾我。就連平常愛催促我用餐的他，都只是默不作聲地幫
我把餐點弄好。

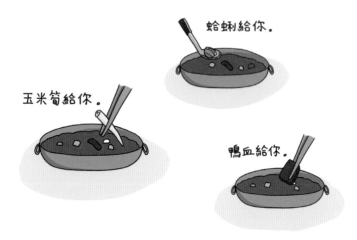

五米筍給你。

蛤蜊給你。

鴨血給你。

　　每當讀者看了我的圖文，總是會說：「我好羨慕綺綺對你那麼好。」其實從讀者與另一半的互動、對生活的陳述，在我看來，讀者的另一半也都對他們很好，每個人的個性和習慣不同，在感情中比較，其實是毫無意義的。

　　記得有一陣子我生病，連續幾天需要服藥，藥物的副作用是嗜睡，當時每天大概到了晚上九點我就開始呵欠連連。但因為當時分隔兩地，我很想和綺綺通電話，但又怕耽誤他的洗澡時間，所以就會等他先洗好澡，但等著等著就睡著了。

　　綺綺也發現了這件事，所以某天我說要等他洗好澡的時候，他竟然回我：「我洗好了，現在就可以講電話囉！」他為了我調整了自己的時間，令我感動不已，因此我用圖文把它記錄了下來。

純粹挑食

紅蘿蔔給你。

下方留言串最吸引我注意的是一則「真好，在一起那麼久還會感動，我做的都不被當一回事了。」的留言。讓我想到有多少人常對另一半抱怨不夠貼心，卻沒有反省自己是不是總是心存感激，而這兩樣是相輔相成的。若是這位讀者的另一半能使他感覺到自己的付出被重視，或許他的貼心便有持續下去的動力，或許他就不會如此感嘆了。

　　表達貼心的方式很多，不一定是要像電影情節中幫對方開車門、拉椅子，而是存在於生活中的各個小細節裡。像是幫對方擦掉嘴角沾到的食物、順手夾起對方不喜歡吃的食物吃掉、觀察對方生活中缺少的物品，幫他添購，在對方感到疲憊的時候，給他一個擁抱。在感情中，我們不像偶像劇般有誇張的劇情，或是刻骨銘心的經歷，只是一些乍看之下沒什麼的貼心小舉動，就能讓對方十分感動。

　　貼心的事情做多了，久而久之雙方也形成了一種默契。像

是互相交換食物已經是我們很熟練的事了。在開始用餐前，我們會很有默契地把對方喜歡吃的食物，從自己的盤子夾到對方盤子裡，偶爾還會「不小心」挾帶自己不喜歡的食物送過去，這也是生活中一些有趣的互動。

在經營粉絲團這段期間，我觀察到一部份的讀者只在乎自己的另一半夠不夠貼心、有沒有做那些別人另一半做的事，卻忽略了對方在生活中其他的付出。我經常檢討自己是不是也會因為長年下來接收到對方的好，久而久之也就當作理所當然。

我之所以有那麼多感動的事能夠畫圖記錄下來，並非因為綺綺有多特別，或是他對我有多麼無可挑剔。而是我習慣將很多曾讓我感動的細節都寫進我的記事本，或者是太過感激，所以深深記在腦海裡。如果你們嘗試著細心去感受每一個當下，用任何方式把它記錄下來，將來回頭看，都會是很美好的回憶和感動。

不再客套。

　　大概是交往到了第二年，我們對對方的態度開始變得比較隨便，說好聽一點，就是在對方面前呈現最自然的自己。

　　回想剛在一起時的情景，不免還是覺得一陣害羞。吃飯、看電影總是搶著付帳；對方幫忙買了什麼，一定要一毛不差地把錢還給對方；到對方家裡作客時，只敢穩當地坐在一個點，不敢隨處走動；約會時要吃哪間餐廳、看哪部電影，總是小心翼翼地徵求對方的意見，儘管自己不喜歡，也要假裝配合對方；遇到麻煩時，總是想盡量自己解決，不好意思拜託對方幫忙。而剛同居時最讓我痛苦的是……為了怕被他嫌髒，我每天都自動自發地洗頭，我想讀者都懂這對於我來說是多麼艱難的一件事。（畫面顯示坐在電腦前，兩眼呆滯、瀏海泛油光的作者）

那段時間就是所謂的熱戀期，我們想把最好、最完美的一面呈現給對方，凡事都客客氣氣的，只怕給對方帶來不好的印象。有些人喜歡這個時期的戀愛模式，但對我來說特別累人，有時候甚至想要快轉跳過這個階段，直接進入穩定的老伴侶時期。

「我今天也不想洗頭了。」
「等你哪天想要洗的時候，再告訴我。」

終於，幾年後我們也來到了這個階段。

某次我們一起看悲慘世界時，毫無人文素養的我，就這樣坐在他身旁睡得很沉，醒來後跟他說的第一句話是：「我在想……以後如果你想看這類的電影，是不是不要約我比較好。」整部片我大概只記得安海瑟薇和亞曼達席菲德很美（沒有人文素養也就算了，竟還如此大言不慚）。而且我忽然想到自己當初和他一起看熊麻吉時，竟然在電影院感動到落淚（導演有想過這齣戲要讓觀眾哭嗎？），我永遠記得綺綺遞衛生紙的表情有多麼不解和驚恐。

但我明白他喜歡的是最真實的我。

雖然我這樣對他...

這傢伙都把
沒味道的白色
爆米花給我吃。

我不用假裝自己有多麼正經完美，不用隱藏自己總是被 R 級片逗笑。

有一次胃炎，身體不斷無法控制地排氣，我忽然像想到什麼似地對綺綺說：「幸好我敢在你面前做這些事了，不然要是剛在一起還得到胃炎，不敢放屁的話，我真的會憋死。」

到了這個階段，我和綺綺的相處模式演變成了亦師亦友亦情侶，總是肆無忌憚地聊天，話題也是百無禁忌（挑眉）。我喜歡我們可以不計形象、很自在地做自己。要從熱戀時期的小心翼翼培養到現在這番田地（在說什麼）也是挺不容易的，這也是老情侶之間的可貴之處吧。

但相對地，兩人之間也會變得比較直接，進而忽略了對方的感受。有時甚至會覺得對方做的一切都是應該的，將一切視為理所當然，像是不再因為對方特地繞路的接送而感動、不再因為對方下廚而感到驚喜……而這些都極可能成為消磨對方努力付出的原因。

「可以幫我倒杯水嗎？」
「好。」
「謝謝。」
這是相處了 N 年的我們的日常對話。

我們總是提醒自己把「請」、「謝謝」、「對不起」掛在嘴邊，要求對方幫忙處理事情時也會心存感激，但又和剛在一起時的「害羞」和「不好意思」不同，而是多了一種家人般的信任和默契。

　　就像我們剛在一起的時候，每一道菜總是會留著最後一塊不好意思吃，或者是不自覺地想把最好吃的雞腿、魚肚、湯裡的蛤蜊……留給對方。

　　而到某個階段時，我們會開玩笑地互相搶著「最好的」那部份，或者是工作分配，一人負責幾樣菜，把它吃個精光。雖然我們仍會把最好的留給對方，但是和剛在一起時相比，少了一分羞怯，多了一分自然，而我們都更喜歡這樣的相處模式，很做自己，很不拘小節，很懂得彼此。

雞腿給你。

但他還是會把最好的留給我。

吵架是為了變得更好。

吵架 SOP

冷戰

與其說吵架，不如說我們每一次的爭吵，就像是參與了一場辯論大賽。

在一起多年，我們不曾對對方大吼大叫，也不曾說出重傷對方的話，簡單來說就是理性的討論。我們有過小爭執，也有過激辯到兩人都一把鼻涕一把眼淚，但儘管吵得再激烈，仍舊會幫對方遞衛生紙。在爭吵的時候，綺綺總是比較理性的一方，他總是掌控局勢，不許我帶著脾氣入睡，不許我把話憋在心裡不說。

有一次吵架，我們原本在臥房裡冷戰，後來我受不了那氣

氛，氣到跑進工作室裡埋頭工作（我似乎常做這種事）。過了幾分鐘，綺綺不顧我的硬脾氣，硬是把我一把拉起，拖回房間裡吹冷氣談判（工作室真的很熱，一度後悔自己幹嘛跑出來找罪受）。

我們吵架的一貫模式，都是先冷靜彼此的情緒，然後再進行溝通。

我們通常會一問一答，把所有的問題通通化解開來，有些雖然是現階段無法解決的問題，但說出口，我們便能一起承受，讓對方知道我們內心的難處和想法，儘管事情無法立刻

爭辯　　　　自省及溝通

解決，可是有人共同分擔，痛苦便能減半。

我們曾經因為價值觀不同、生活處事的習慣不同，而起過各種爭執。但在爭吵過後，通常都會有所改善，像是因為家事分配不平均，我們爭執完後，就會變得更加主動做家事；因為不理解對方的工作，在爭執過後，我們便更能體諒對方

他明明也是這樣啊！
是我一個人的錯嗎？
他是在嫌我嗎？他想分手了嗎？

不能因為這種事就分手啊…
這件事…我也有錯…
我們應該一起努力改變現況。

的難處。這就是溝通的目的，每一次經歷的難處，都是對彼此的考驗，若是逃避不去解決，問題將會永遠擱在那。

從爭吵到溝通，是每對伴侶都會經歷的事，但我們得記得，溝通並不只是為了「發洩情緒」，而是為了「解決問題」。

每一次的爭執，像是遇到價值觀不同、對對方有所誤解，我們都會試著把所有不滿說出來，這不是為了吵架，而是為了一起努力改變現況。我們每一次經歷吵架和好後，感情都會變得比原來更好，更加瞭解了對方內心真實的想法，也會更珍惜對方，這才是溝通真正的意義啊。

每次吵架溝通完，
我們都會給
彼此一個擁抱。

你逃避不了的假設性問題之
如果我變成了鬼。

如果你發票中了 1000 萬你要幹嘛？帶我出國玩嗎？

如果歐練或麻吉（貓咪）以後死掉了，你會很傷心嗎？那我死掉呢？

如果我去燙爆炸頭你會不會抓狂？那光頭呢？

如果有人單獨約你吃飯你會去嗎？去你就死定了，我也要單獨跟別人吃飯！

像我就曾經問過他老掉牙的假設性問題：「你媽和我掉進水裡你會救誰？」

他淡淡地回說：「你很無聊。」

最後還是我自己找台階下，因為我會游泳，我可能會和他一起救他媽。

我覺得這是伴侶間一項特殊的技能，即使沒有話題，也能自然地生出話題來，然後就變成了所謂的假設性問題，而且還是很盧，很莫名其妙的那種。我不知道大家是不是都像我

欸…

如果我那天沒去相親，就不會認識你…

如果我又胖了10公斤，你會拋棄我嗎?

如果你遇到一個漂亮的女生，會被吸引嗎?

如果我死掉了，你會再和別人談戀愛嗎?

如果…   你哪來那麼多如果?

們一樣會莫名地生出一堆假設性問題，那不一定得是很具建
設性、替未來煩惱的話題，也可能這問題壓根兒就不會發
生，只是想要找個話題和對方聊一聊，看看彼此的價值觀是
否一致而已。

　有一夜，我們聊得很深入，這是他少數很仔細回應我的問
題。我曾經看過一部香港電影，一對夫妻的感情太過深厚，
以致於老婆死後，老公繼續把他放置在家裡照顧，好像老婆
不曾離開一樣。我便問綺綺，如果我變成鬼，他也會如此對
我嗎？還是會對我感到害怕？也順便問了他，如果人死後真

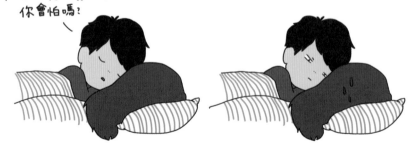

的能夠變成鬼，會最希望完成什麼事。

　　我和他說：「我想找曾經傷害過我的人報仇。」
　　綺綺皺了皺眉頭，否定了我的想法。

　　那一夜聊完之後，我心裡有股小小的波動。忽然之間覺得
自己好像沒有想像中了解他，也忽然意識到我們倆之間對於
死亡的想法相差甚遠，想都沒想到綺綺會給我這麼一個答
案。綺綺說，我總是花太多時間在不重要的人身上，應該多
看看、想想真正愛我，對我好的人。

我那天深深地思考了一件事：「那些人在我心中的佔比難道真的有那麼重嗎？」

　　綺綺說，我總是花太多時間在記那些不好的事情、哀傷的回憶，他說他覺得人的記憶有限，所以希望腦袋裡裝的都是快樂的時光，他希望我也可以和他一樣。

　　我從沒想過自己在他心裡有多麼重要，而那次之後我便明白了，即使他常常對我要理不理，故意嫌我煩，但至少在他心中，如果剩下那麼一點點時間，他幾乎不必多想，都會把那一點時間留給我。那一份愛，幾乎超越了一切的仇恨和悲傷。

　　而我自以為自己有多麼重視他，在緊要的時刻，卻還是想著那些負面的人、事、物，將那些仇恨放在我們的感情之前。我不知道在這世界上有多少人和我一樣，不停地鑽牛角尖、沉浸在悲傷的情緒裡，忘了多花一些時間在身邊時時刻刻關愛我們的人身上。希望我們都能試著把時間留給最心愛的人，無論是家人還是另一半，都更值得我們去珍惜。

如果變成鬼了,
你會找誰報仇嗎?

嗯。

報仇…?

最後的時間,我想留給我愛的人。
我想看看你,還有家人。

難得的受寵時光。

　　之前提過綺綺一直以來都是和我平等地相處，不會特別地寵愛我，或者是把我捧在手掌心像呵護小公主般地對待我。唯有幾種狀況我才能感覺到特別受寵，例如生病時，或是情緒低落、工作過度勞累時，這時候的綺綺就會甘願為我做任何事。

　　讀過我的作品的讀者應該都知道，一直以來我的身體都不是很好。和綺綺在一起的這幾年，因為原來的正職工作和經營粉絲團的雙重壓力下，導致我的免疫力降低，一年才 12 個月，我卻可以感冒 13 次，症狀幾乎沒有間斷，有好幾次打從心底感到身心俱疲，但所幸有家人和綺綺陪在身邊，讓我不至於感到太無助。

　　記得有一次胃炎，胃痛一發作就是四天，痛得讓人難以忍受。後來我忍不住去看了醫生，醫師聽診外加超音波診斷後，確定是急性胃炎。連續好幾天的上吐下瀉，我還能苦中作樂地開玩笑說：「不知道我的體重能不能因此回到五字頭

呢～」。綺綺看我還有心情開玩笑，便冷冷地回：「別鬧了，你現在只是脫水而已，到時康復了又會胖回來了。」我瞪了他一眼，雖然擔心我的身體狀況，但嘴巴說話卻還是那麼地實際，一點都不懂得安撫人，或順著我的話說些好聽的甜言蜜語，不過隨著時間久了，我便能明白這就是他逗我開心的方式。

他在我真正感到痛苦難耐時，態度會忽然 180 度大轉變，不斷地對我噓寒問暖、忙進忙出，將所有家事都攬到身上，只希望我能好好休息。有時看他這樣，我往後都想一直裝病下去了。而這樣的態度反差，也經常讓我哭笑不得。平時的綺綺不太會寵我，但只要我一生病，頓時什麼莫名其妙的要求都能被同意，還可以差使他做任何事。

每當綺綺開始對我好，我便會漸漸恃寵而驕，但他也特別擅長將我從幻想中拉回現實，有時真不知道為何我們能走到一起。無論是他嘴硬還是我想太多，我都知道，當我生病的時候，他一定也跟著不好受。

　　我想世界上很多人和我一樣，總是大膽地示愛，做事狂放不羈，但也有很多人和綺綺一樣內斂。在圖文中的綺綺，戴著一副眼鏡，經常看不出他的情緒，其實就和現實中的他一樣。有時候覺得他態度冷漠，常常一副無關緊要的樣子，但其實很多事他都放在心上，也默默地付出行動證明他的在乎。每個人表現愛的方式不同，平時綺綺對我的疼愛總是放在心中，在緊要時刻才會表現出來，身為另一半的我，更該去理解他，兩者雖然差距甚大，但本質都是愛。

醫師說餓了
都可以吃。

好，我去煮。
你好好休息。

他的地雷之二
誇讚別的女生

舊地重遊。

　　每一年的新年，我們都說好各自回家過年陪陪家人，到大年初五見面，再一起到外頭走走。

　　今年和綺綺討論初五要去哪玩時，有許多口袋名單在等著我們。討論了許久，最終決定回到讀書時期生活的地方蹓躂。

　　好久以前我們就談起要找時間回到那裡走走，當初在那裡生活時沒有覺得那個地方特別好，離開時也沒有特別捨不得，但人總是有感情的，一轉眼也已經離開好幾年了，說不想念是假的。

　　回到那裡的第一天，彷彿進入了時光隧道，街道及店家都特別有親切感。

　　初五，許多店家都尚未營業。

　　我和綺綺就在街道上這樣繞啊繞的，經過了一間市場，是綺綺第一次煮排骨湯給我喝時，我們一起去採購的地方，那也是我們第一次一起逛市場，我很喜歡那種感覺，那種像老伴一樣的日常生活。

　　走著走著經過了一間鹹酥雞攤，雖然初五尚未營業，但我的腦海中浮現出它營業中的樣子，攤位旁圍滿了人群，有的

人在呼喊老闆娘、有人拿著籃子夾菜、有的人坐在機車上低頭滑著手機，我和綺綺站在一旁等待我們的餐點，因為那家鹹酥雞便宜又好吃，客人總是特別多。我們常常邊聊天邊等待，還有好幾次恰好遇到認識的朋友。

有一家影片出租店，是我們經常在某部電影上映前，一起跑去把前幾集都租回家重溫一遍的地方。記得當時正要上映的是蝙蝠俠，在認識綺綺之前我很少看電影，於是我們就跑到附近的出租店把英雄系列的電影都租回家熬夜溫習一遍。

有一家宵夜，是我們半夜追劇追到肚子餓時，一起出門直奔到那把肚子填飽的地方。那是我第一次半夜不睡覺，跑到外頭吃宵夜，完全可以說是被綺綺「帶壞」，但我很喜歡，那是第一次讓我覺得自己像個真正的大學生（笑）。

我們騎著車繞過大街小巷，很多回憶都湧上心頭，只可惜我最喜歡的那間蛋包飯沒有營業，而我們卻是專程要來吃蛋包飯當午餐的。

那間蛋包飯有點窄小、老舊，裡邊牆壁上貼滿了照片，還有放了好多年代久遠的手錶、飾品，看起來別有一番風味。當然最吸引我們的是他的餐點，我總是點奶油豬排蛋包飯，

分你吃一口！

不用，我怕感冒
會傳染給你。

大年初五的
在感冒，
你也真是的！

綺綺則一樣喜歡將各種口味換著吃，因此我總是記不住他的喜好。

當天經過店家看見它半掩著的門，有股衝動想要過去問問老闆有營業嗎？
最後還是提不起勇氣。

後來，我們沿途找餐廳，好不容易看到另一間小吃店有營業，剛好有我最喜歡的蛋包飯，我們便快步走了進去。

在用餐的過程中，我們看著店家小小的電視機裡播的綜藝節目，然後閒話家常，讓我想起過去很多回憶，像是我們為了省錢，經常兩人一起點一杯飲料、一份套餐的生活，雖然沒有吃到記憶中的蛋包飯，但古早味的口感和傳統的店家擺設，還是讓我覺得很親切、這趟旅途很值得。

在一起的這些年，和綺綺一起到處旅遊，除了出國以外，台灣也是玩透透，每一次的旅行都留下了深刻的記憶。近幾年，特別想回到曾經到過的地方旅遊，像是我們第一次一起出遊到過的九份，想再住同樣的旅店、看同樣的風景、笑得像當年相片裡的我們一樣開心，說不定還會重拾第一次一起旅行時心動的感覺。如果對生活感到乏味，對另一半感到厭煩，不妨一起利用一個小小的週末，一起出發找尋回憶吧。

不知道是誰大年初二跑去掛急診？

…

數分鐘後...

合手

傳染給我你就會好了啦！

吸

喂!!!我不是說了我感冒嗎？

幹嘛喝我飲料!!!

避風港。

我想一段感情最珍貴的地方，在於戀愛到了後期穩定的同時，能夠與另一半成為無話不談的朋友。

從最初在一起時直到現在，我和綺綺總是有聊不完的話題。每當我們外出、騎著車到達某個目的地之前，一路上我們都會從頭聊到尾、幾乎沒有冷場。因為頻率相近，在一起的每一刻，原來是句點王的我們，瞬間都成了接話高手。

在一次逛完街回家的路上，不知為何我們又打開了話匣子，討論起兩人家庭的背景。我坐在機車後座，和綺綺一問一答，像是家人對某某事物的看法、小時候曾做過什麼蠢事、和家人起過的衝突⋯⋯等等，我發現他是少數會讓我願意把所有事情都告訴他的人，包括快樂的、傷心的、驕傲的、不堪的，綺綺也總是很認真地傾聽、小心翼翼地回答我反問的問題。因為綺綺了解我的個性，要是他不留意說錯了話，我就會像刺蝟般地將毛豎起，話題也不會再繼續下去。

　其實我總是很羨慕能對自己遭遇或是私人話題侃侃而談的人，他們的內心很坦然，沒有什麼是秘密，或者不能面對的事。我始終無法成為那樣的人，關於家庭、成長背景，我一直不太透露給外人知道，因為那對我來說是很私人的事，為了維持家人的形象，我通常不願意多談。這也是我的交往對象和朋友都很陳年的原因之一，因為每認識一個新朋友或是對象，就得把家世全都重新交代一遍，對我來說是件不容易的事。

綺綺是少數能夠讓我打開心房的人。

我們一路上談著沉重的事，一下子眉頭深鎖、一下子沉默、下一秒卻又開心地大笑，最後打打鬧鬧、說說笑笑地回到了家。聊完了這些心事，不但沒有讓心情更糟，反而有如釋重負的感覺。和他訴苦就像倒垃圾，好像心靈被淨空了一樣。

這讓我想起了幾年前，我們認識不久時發生的事。

有一次家中鬧得不可開交，我受不了家中的氣氛和壓力，哭著提前一天跑回和綺綺的住處。我知會了綺綺自己提早一天回到住處，請他不用擔心，我只是想要先回到住處一個人靜一靜。

我說：「沒關係的，你就一樣隔天再回來就好，不用擔心我。」
綺綺說：「好，你注意安全，門鎖好，不要想太多喔。」

我洗了個澡，愣愣地坐在房間裡發呆，回想著剛才家裡發生的一切。大約過了一兩個小時，門鎖動了一下，我一轉頭，映入眼簾的是風塵僕僕趕回來的綺綺。

最好的聽眾就是，即使談論著悲傷的事，他依然可以讓你感到安心，彷彿把心事全都掏出來說給他聽，他也不會有半點嫌棄。

我不太記得當初事情發生的起因，不太記得自己說了什麼話，也不太記得哭了多久，但永遠記得在他懷裡崩潰大哭的那一刻。我知道無論在哪裡、為了誰、遭受多大的傷害和委屈，始終有這麼一個地方能夠讓我依靠，讓我覺得踏實。

被你同化。

　　每一次在繪製角色介紹時，都能深深地感覺到我和綺綺的差異。無論是生活習慣還是喜好，都是天差地遠，我控制慾強，他渴望自由；我鑽牛角尖，他不拘小節……，一開始，我們喜歡的戲劇、電影不同，喜歡的食物口味不同，興趣也不同，當時很疑惑我們倆為何會走到一起，每一次的約會、每一次更加了解他，都覺得我們倆之間的鴻溝似乎更大了。

　　但隨著在一起的時間拉長，我們的生活一直不斷地疊合、不斷地被彼此影響，無形之中，我們做什麼事情都愈來愈像，無論是什麼樣的習慣。

經常在整理房間時，看到靠綺綺床邊的地板上散了一地的乳液、紙張、書籍、指甲刀……，我總是氣急攻心（氣到扶牆）。每次唸他，他總是會找到千百萬個理由，並且振振有詞，我以為自己能夠改正他，畢竟邪不勝正（用詞如此強烈），但萬萬沒想到，過了幾個月後，我竟然就漸漸習慣了，甚至也跟著一起亂放東西。

115

沒想到被另一半同化這件事竟如此容易，而且還包括了壞習慣，學壞果真比較容易，我都還沒學會跟著他看悲慘世界這類的電影，就學會違背自己的原則，所以說單身的人們，找另一半時真的要慎選啊（忽然變成責怪別人）。

　　綺綺是個幾乎不碰手遊的人，但只要是我需要他的時候，他便會陪著我玩。

　　我曾經熱衷於一款手遊，是經營便利商店的遊戲。那時我需要其他玩家的協助，綺綺便義不容辭地下載了這款遊戲、創了帳號，請我過去他的商店外擺攤。他還特地留了一個攤位給我，說明上寫「左邊為保留位置，請勿設攤」，我最喜歡這種大方示愛的放閃行為，看到時簡直欣喜若狂，沒想到他竟也被我帶壞了。

　　除此之外，紅極一時的寶可夢，我們也有趕搭上流行。每天綺綺都載著我跑遍大街小巷，兩三天就到公園散步轉球加抓寶，回想那些一起玩手遊的時間，有互動、有共同的話題，也覺得格外甜蜜。我想，現實生活中如果覺得枯燥乏味了的話，或許可以攜手試試在虛擬世界中互動吧。（莫名變成網戀）

兩人在一起久了,會和彼此愈相像。
像是生活習慣

衣著

綺綺從以前就會習慣做些善事，而且是默默地做。像是固定捐款、災害捐款、買路邊阿姨的刮刮樂⋯⋯等等，他並不是個有錢人，收入普通，他也是吃東西、購物時需要仔細斟酌花費的平凡人，但他卻願意做這些善事。從他收養流浪貓開始，我就開始打從心底欣賞他，因為他的善良。

而我也很開心他逐漸影響了我，不管是捐款或是捐物資，能夠做的事情，我也都會嘗試，在經營粉絲團期間，也合作了幾件公益活動，更覺得有能力付出是件幸福的事。我喜歡和他一起做了善事，相視而笑的感覺，這不僅僅代表我擁有了一個善良的他，也嘗試去成為連自己都喜歡的人。

說話的方式

飲食習慣

時時刻刻惦記著的你啊。

　　我和大多數人的成長過程不太一樣，從小由外公、外婆帶大，他們對彼此的感情我都看在眼裡，也十分嚮往那樣的相處模式。一直以來，他們不像王子和公主般總是和樂融融、無憂無慮、幸福美滿，而是每天被柴米油鹽等現實生活環繞著，我聽過他們一路走來的辛苦故事，但他們卻很知足，更珍惜著彼此。

　　長大以後，我還是經常和外婆一起去逛街買東西。每一次逛街時，她總會說：「這個爺爺（這裡指外公）最喜歡吃。」於是就買了好多回家，然後再被外公念叨亂花錢，其實我們都知道，外公心裡很開心。外公和外婆的個性並不完美，前一本作品也提過他們的個性和喜好完全相反，經常吵架，但在心中卻還是惦記著彼此，結婚數十年了還能有這樣的一份情意在，十分令人稱羨。

　　現在的我和綺綺，生活模式也和他們很相像。我逛街買衣服時，看到適合他的衣服也會順道幫他買下。採購生活用品

不僅僅是看見他喜愛的東西
會想起他，
看見他厭惡的東西也會，
然後忍不住逗逗他。

時，想到他缺了什麼，也會順便替他採購回家。那麼綺綺呢？看著家裡那超大罐的可可粉，我想他也是和我有著同樣的想法吧！第一次喝到可可牛奶（我不喝牛奶，但喝調味乳）時就迷戀上它的味道，我把這件事情告訴了綺綺，他只是說，外面的飲料喝多了不好，因此他就自己上街買了鮮奶和可可粉，偶爾沖泡減糖順口的可可牛奶給我喝。

　　我從來沒有要求他必須要時時刻刻惦記著我，也不知道他總是這樣把我放在心上。雖然有時會認為他所做的一切都是理所當然，總覺得在一起不就是要將對方放在第一順位嗎？

豬仔!!!

我買了你的最愛!!!

!?

咦!你要自己泡巧克力牛奶給我喝嗎?

感動

但你也買太多了吧!
囤積症又犯了!
@#$*##@卡~!

但其實我忽略了他的生活中除了我以外，還有許多其他的人、事、物，而他在生活各個小細節的付出、每一份用心，我都應該用心地感受、更應該去珍惜。

前陣子和高中同學一起到某間無菜單料理餐廳吃飯，因為菜色十分對我的胃口，當下的第一個念頭，就是希望綺綺也能夠吃到。於是在某個節日，我喜孜孜地訂了位，邀請綺綺一起到這間我心心念念的餐廳過節。而綺綺也是一樣，如果他獨自和朋友或家人一起到哪間美味的餐廳用餐，他唯一的想法也是找機會要再帶我一起品嚐。好像所有有趣的、美好的事物，都要有另一半的參與，才算是完整沒有遺憾。

一直以來，我都是很把重心放在另一半身上的人，儘管只是看見了相關的節日，例如紀念日、聖誕節、情人節，都能讓我回想起和他過節時的情景。偶爾因為工作或其他關係見不著面時，看見路上過節的人們，也會想起他。綺綺雖然不像我這麼無時無刻惦記著他，但在看到某些事物的時候，還是會想起我。他說像是好吃的餐廳、美麗的風景……等等，還有麻將的大餅（超過分）。有一次我問他還有其他事情會讓他想起我嗎？他說：「巧克力。」無論是別人送他的，還是在網路上、店家看到的，都會讓他想起我那張貪吃的臉，我想這也是一種特殊的重視方式吧。

感情是件奇妙的事情，只要雙方認定，我們之間就像有一條繩子繫著彼此。習慣將對方放在心上以後，只要看見飲料、電影票買一送一時，或是看見任何成雙成對的訊息時，就會想起對方，就會覺得好幸運擁有和我共享這份小幸福的人。

好幸運能擁有
和我共享這份小幸福的人。

以行動代替說愛你。

隨著在一起的時間久了，聊的話題越多，我們也就更加了解彼此，畢竟「談心」也是戀愛中很重要的一環。有一次聊到了十八年前的九二一大地震，至今我仍然心有餘悸，也在當時年紀還輕的我心中造成不小的陰影。

當年九二一大地震，我剛好住在中高樓層，突如其來的天搖地動嚇得我整夜不敢入睡。隔天的餘震都足以把我嚇哭，我到現在還清楚地記得，當時臥室門口的風鈴搖晃得有多麼劇烈，還有砰砰作響的玻璃門窗，從電視櫃上摔落的擺飾，而這僅僅只是餘震造成的影響。在學校上課時，遇到餘震也讓我心驚膽顫，一邊跟著老師的指示躲在桌下，一邊又擔心起家裡的家人，心理壓力極大，完全無法想像位於震央的居民所受到的傷害有多深。九二一地震對於台灣的影響，實在是筆墨無法形容的傷痛。

後來我們家搬到了透天厝，最高也不過三樓，低樓層不比中高樓層可怕，有好長一段時間沒有感受到地震時劇烈的搖晃。

像地震之類的災難發生，
你會跟你家人一起逃，一起避難，
還是我？

哦。

當下和誰待在一起，
就和誰一起吧！

你也是
家人啊。

我很怕地震。

你說過了。

我會保護你。

我知道！

直到現在又和綺綺同住在一起，我們又恰好搬到了中高樓層居住，我明白地告訴他，我對地震的恐懼感有多麼強烈，我每一次的反應都很可能令他瞠目結舌。

　　記得有一次高雄只有一級地震，我就停下手邊的工作仔細地感受地震搖晃，然後驚恐地看著他。但他並沒有被我嚇得手足無措，每一次地震來臨，綺綺總是會大聲喊我，我們會跑到對方身邊，第一個反應就是伸過手去抱他，而他總是順應我的舉動，以一雙溫暖的手抱住我的頭部，他第一直覺的反應，讓我十分感動。

　　久而久之……

　　我們習慣走在路上時，讓另一半走在馬路內側；
　　遇到打雷或鞭炮聲時，互相摀住對方的耳朵；
　　在受了委屈想哭的時候，希望能得到對方的擁抱；
　　當下雨撐傘時，我們總是心甘情願當被雨淋濕的一方；
　　吃飯時，留下最好吃的一部份給對方；
　　生病的時候，對方義不容辭地請假帶著我們四處奔波；
　　當我們得到好消息或者壞消息，第一時間想與對方分享……

　　我們一起經歷多了很多事，也逐漸地無法想像發生事情

時，另一半不在身邊的話，會有多麼無助。當感情進展到了某一個階段，兩人之間的感情從情侶昇華為家人，我們不再用言語來說明我們有多愛對方，也不再只以口頭承諾來讓對方感到安心，我們會自然地以行動來證明，讓對方知道自己在我們的心中，佔有多麼重要的一席之地。

無論發生什麼事，有你在身邊就能感到安心。

要是你不在身邊，任何小事發生，對我來說都像一場災難。

他的地雷之三

把他拍醜了

後記。

愛情很奇妙，

愛吃的食物換了一輪，

喜歡的男神女神換了好幾個，

手遊載了又刪，刪了又載，

始終沒有改變的

只有他在我心中的地位。

因為他很特別，

即使我辭不達意，

即使我胡言亂語，

即使我什麼都不說，

只有一個眼神、一個動作……

他都會配合、他都懂，我想要的是什麼樣的回饋。

附錄

麻吉，謝謝你加入我們的故事。

　年初時和綺綺忙著搬家，幾個月來東奔西跑、忙得焦頭爛額。當天下午約了窗簾的廠商見面，我們正準備出發到店家挑選窗簾。在牽車時，忽然聽到微弱的貓叫聲，我們停下動作互看了對方一眼，然後開始到處尋找聲音的來源。

　綺綺：「是貓在叫還是你在叫啊？」
　我：「貓啊，我沒事學貓叫幹嘛？」
　綺綺冷眼：「問你自己。」

　找了幾分鐘後，忽然看到一隻貓從路邊汽車的車底探出頭來，盯著我們看。那是一隻小花貓，乳白的毛色襯著黑色的花斑，就像一頭小乳牛。

　我們蹲低仔細看牠，發現牠全身都是被黴菌侵蝕的痕跡，叫聲沙啞，身材瘦弱。我伸出手，牠遲疑了一下，開始一拐一拐地走向我們，聞了聞我的手以後，又轉身跑回車底下，但還是睜著圓滾滾的眼睛盯著我們看。

拿我當比例尺可以看出貓咪真的很瘦小
（那是因為你很大隻吧）。

正在吃罐頭的小貓。

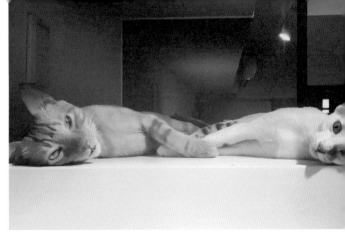

歐練和麻吉一起睡在冰箱上，歐練露出了謎之表情（？）。

「喵嗚～」我蹲在車旁伸出手來。

因為我們知道幼貓如果被人類碰觸過，就會被母貓遺棄，而我和綺綺不確定牠的年齡，所以沒敢碰牠。後來我們決定先去吃午餐，再回來看看他是否有母貓照顧，或者有其他的貓與牠結伴，順便買罐頭幫牠充飢。

吃過飯回到停車場，我們又開始尋找小貓，後來小貓從一樣的地方跑向我們。我們開了罐頭倒在紙上讓小貓吃，順便觀察了一下，發現周遭並沒有其他的貓出沒，反而有流浪狗或經過的家犬作勢攻擊牠。於是我一把將牠抱起，下定決心收養牠。

其實這個決定並不倉促，因為我們本來就有計畫要養兩隻

貓，收養牠的原因，除了想要好好照顧牠以外，也希望牠能和家裡的歐練作伴。

我也因此被自己以前曾經說過的話狠狠打臉。

我：「歐練好煩！我們以後不要再養貓了！這是最後一隻！」

綺：「這句話你應該對自己說。」

我們先到附近的寵物用品店買了籠子，然後再帶到動物醫院讓醫生檢查。醫生看了一下小貓後，對我們說：「流浪的小幼貓可能有很多疾病，快的話可能幾天到一週就去世了，

在我懷裡乖乖的小貓。

先別放太多感情在牠身上。」我們不太理解醫師的意思，而且話雖這麼說，但感情這種事哪能像這樣收放自如呢！

我們將小貓帶回了家裡，但因為家裡還有一隻歐練，擔心小貓有疾病會傳染給牠，所以先將牠們完全隔離一個月。過了幾天，我們又帶小貓回動物醫院做快篩檢查，醫生給我們看了快篩，初步判定有貓瘟，我們當下都傻住了。醫師說，可能要將小貓送實驗室檢驗會比較精確。

簡單來說，貓瘟就是貓咪的腸胃炎，只會在貓與貓之間傳染，不會傳染給人類，但卻是貓咪的超級殺手，很少有貓能夠健康安然地熬過。
在送檢的這幾天，一想到牠有可能會離開，我和綺綺都覺得十分難熬。

我還是去採購了小貓的貓砂盆、指甲剪、貓碗……等等，將來要是真的有貓瘟或其他疾病，我們也不會放養牠，所以得為了和歐練分開飼養而做準備。我沒有把醫生的話聽進去，不知道該如何和牠保持距離，只任由小貓撒嬌，畫圖時也都讓牠趴在我的腿上休息，晚上也讓牠爬到床上和我一起睡覺，每次看牠的眼神都不由得地寵溺，我知道我已經無法離開牠了。

大部份是麻吉追著歐練跑，這張是難得歐練主動去找麻吉玩的相片。

麻吉的 Before & After

1	3	5
2	4	6

1. 2. 剛到家裡的麻吉全身長滿黴菌。

3~6. 後來變得又白又胖。

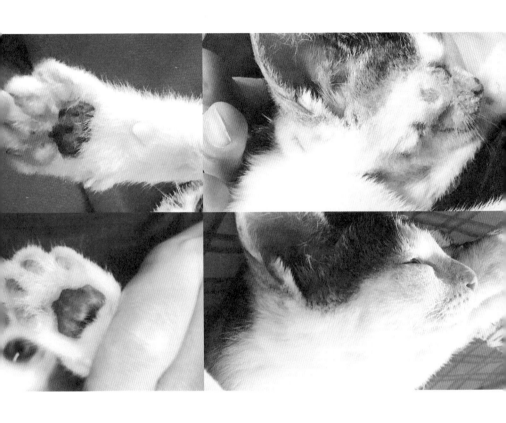

7	9
8	10

7. 8. 原本的腳掌受傷結痂，後來變回軟嫩的肉球。

9.10. 原本臉頰都是黴菌侵蝕的痕跡，後來變得白嫩嫩。

過了幾天，報告出來了，我和綺綺忐忑地等待醫師的通知電話。一整天心神不寧，還一邊想著要是真的有貓瘟，該怎麼居家隔離歐練與小貓。

　　後來醫生終於打來了，說是快篩誤判，小貓沒有貓瘟，我們感動到幾乎要流下喜悅的淚水。

　　得知喜訊的第一刻，我們先幫牠確定了名字，因為歐練（黑輪）的關係，這隻小貓本來要叫咪會（米血），但外婆說，名字有血字不太好，因此而作罷。後來因白花花、軟綿綿的特性，又加上個性黏人很像麻糬，所以我們將它取名叫麻吉（麻糬的台語）。

　　歐練也很開心多了一個玩伴，雖然歐練的脾氣不好，麻吉也很頑皮，但我們都看得出來歐練處處在讓著牠。

　　謝謝老天爺開了這麼一個玩笑，
　　麻吉安然無恙，順利地加入了我們的故事。

　　最後，
　　也希望流浪的動物們能夠被愛牠的主人認養，
　　創造屬於他們的故事。

他的地雷之四
說他愛生氣

請你關注我

作　　　　　者－Aida

美 術 設 計－Rika Su

責 任 編 輯－楊淑媚

校　　　　　對－Aida、楊淑媚

行 銷 企 劃－王聖惠

第五編輯部總監－梁芳春

發 行 人－趙政岷

出 版 者－時報文化出版企業股份有限公司

　　　　　　　10803 台北市和平西路三段二四〇號七樓

　　　　　　　發 行 專 線－（〇二）二三〇六－六八四二

　　　　　　　讀者服務專線－　〇八〇〇－二三一一七〇五

　　　　　　　　　　　　　　　（〇二）二三〇四一七一〇三

　　　　　　　讀者服務傳真－（〇二）二三〇四一六八五八

　　　　　　　郵　　　　　撥－一九三四四七二四時報文化出版公司

　　　　　　　信　　　　　箱－台北郵政七九～九九信箱

時 報 悅 讀 網－http://www.readingtimes.com.tw

電 子 郵 件 信 箱－yoho@readingtimes.com.tw

法 律 顧 問－理律法律事務所　陳長文律師、李念祖律師

印　　　　　刷－勁達印刷有限公司

初 版 一 刷－二〇一七年十二月二十二日

定　　　　　價－新台幣二八〇元

請你關注我 / Aida 作 . - 初版 . - 臺北市：
時報文化, 2017.12　面；　公分
ISBN 978-957-13-7253-2（平裝）

1. 戀愛 2. 兩性關係 3. 通俗作品

544.37　　　　　　　　　　　106023031